AF243136

ESSAI DE CONCILIATION

DES DÉMOCRATES RÉPUBLICAINS

AVEC

LES DÉMOCRATES NAPOLÉONIENS,

OU

QUAND UNE RÉVOLUTION A MAIN ARMÉE ÉTAIT POSSIBLE ET DE DROIT,

QUAND ELLE N'EST PLUS NI L'UN NI L'AUTRE.

PAR

UN DÉMOCRATE DE LA PREMIÈRE HEURE,

Ancien officier de la Garde Nationale.

PRIX : 60 CENTIMES.

PARIS

CHEZ PAUL DUPONT ET LES PRINCIPAUX LIBRAIRES DE FRANCE

—

1865

ESSAI DE CONCILIATION

DU PARTI

DÉMOCRATE RÉPUBLICAIN

AVEC LES

DÉMOCRATES NAPOLÉONIENS.

PRÉFACE.

Voilà bien des fois que je prends la plume, puis la quitte, cher lecteur, pour tenter cet effort que mon cœur et mon âme me soufflent.

Je n'ai jamais pu voir de sang-froid deux hommes, que Dieu a faits pour s'aimer, s'entre-déchirer : j'ai quelquefois été la dupe dans la rue de compères qui feignaient une rixe afin de trouver un prétexte pour dévaliser ceux dont les cœurs généreux inspiraient l'intervention ; mais j'étais amplement dédommagé, quand j'avais ramené la paix une fois sur deux ou trois, et, je dois le dire, j'ai éprouvé quelques fois aussi le bonheur d'empêcher de sanglantes mêlées, qui n'auraient pu servir que les ennemis de nos généreuses croyances. Jugez quelle serait ma joie de contribuer à la paix de deux partis également honorables, dont l'union peut causer le triomphe de notre beau pays, comme le désaccord prolongé, assurer la ruine avec son cortége de désastres.

Vous allez dire cher lecteur que le titre de cet opuscule est bien prétentieux et l'entreprise irréalisable ? J'en ai l'affreuse crainte, mais je suis tellement obsédé de tristes pensées pour les destinées futures de ma patrie, que je cède à un entraînement qui n'est plus de mon fait ; je cède à une secrète impulsion, et avec d'autant plus de difficulté que ce que je dirai pourra paraître aux yeux des hommes qui ne réfléchiront pas, ou de ceux à idées et à systèmes immuables, en opposition avec les convictions de toute ma vie. D'un autre côté, je suis complétement étranger à la science du littérateur qui sait habiller sa pensée comme il veut, sans cependant changer le fond, c'est pourquoi, je suis obligé, cher lecteur, de réclamer votre indulgence pour les incorrections de style dont je me rendrai certainement coupable.

Je ne vous dirai pas mon nom, car il est inconnu et veut rester tel. D'aillleurs, les bonnes et justes pensées n'appartiennent pas à un seul homme, elles sont à tous les hommes. Quand ce que j'aurai dit sera juste, je suis persuadé que vous vous écrierez comme Voltaire se faisant initier à une célèbre Société... Je l'avais pensé ainsi.

Mon seul désir est d'être utile à mes concitoyens, peut-être à tous mes semblables, car le bonheur de l'humanité est aussi lié à celui d'une fraction quelconque de cette même humanité, que celui d'une famille est lié à celui du père, de la mère ou même de l'enfant. Le bonheur est une sensation indivisible : il n'y a que les natures égoïstes et dégénérées qui croient trouver le bonheur ailleurs et isolément.

L'égoïste n'est pas un type créé par Dieu, il est une monstruosité, une difformité qui ne suit la loi de croissance et de mouvement que pour faire voir aux hommes le danger qu'il y a de s'y laisser entraîner, même temporairement. En effet :

Dieu a mis dans nos cœurs un sentiment unique, prédominant, parce qu'il a voulu que nous puissions être les auteurs de notre bonheur collectif, comme chacun peut l'être de son bonheur particulier, hélas ! si mal compris par la plupart de ceux qu'on est convenu d'appeler les heureux du jour, et qui n'en sont en réalité que les plus tourmentés. Ce sentiment qui doit conduire l'humanité à l'harmonie universelle, ou plutôt la création toute entière.... c'est l'amour, l'amour qui fait la base des sociétés par le rapprochement et l'union de l'homme et de la femme, l'amour qui pousse un puissant rameau aussitôt le premier enfant, et qui s'appelle amour paternel et amour filial.... Encore l'amour qui nous porte à aimer notre ami et qui prend alors le nom d'amitié, mais qui, dans une société tout à fait civilisée, nous portera à aimer tous nos semblables, quoique à des degrés différents. C'est l'amour patriotique!!! C'est ce sentiment, cher lecteur, que Dieu a pris tant de soin de placer dans nos cœurs, qui est le grand modérateur de toutes nos passions et l'origine de toutes nos vertus ; c'est lui qui doit conduire le monde à un embrassement universel ! En vain l'homme, saisi par ses instincts charnels ou de tristes nécessités, s'abandonne-t-il à la bestialité, il est ramené à lui-même par l'amour!

Mais on ne saurait le trop dire, ce sentiment pour produire les immortels résultats qu'on est en droit d'en attendre, a besoin d'être cultivé comme toute plante utile à l'homme, et Dieu, dans son ineffable bonté, a voulu que les générations se retrempent sans cesse, afin que la possibilité d'une harmonie universelle existe toujours, quels que soient les efforts de l'égoïsme, de l'ambition et du mensonge pour la détruire. Mais s'il est vrai que ces affreux tyrans ne peuvent empêcher, dans l'avenir au moins, la réalisation de cette sublime phase de l'existence humaine, il est certain qu'ils peuvent l'enrayer comme ils l'ont déjà fait bien souvent, ainsi que l'attestent les chutes successives des peuples nos devanciers, qui, arrivés à un état de civilisation qui devait être considérable, ont été replongés dans l'ignorance et l'abrutissement.... Hé bien, nous sommes relativement à la même époque néfaste que ces peuples. Notre siècle ou le prochain est appelé à voir de grandes choses ! Tout homme qui réfléchira à notre état social actuel croira ce que j'avance. Or ce siècle verra-t-il la ruine de notre civilisation ou bien son apothéose?

Nos enfants seront-ils replongés dans le barbarie et l'ignorance en passant par le sang et les martyrs ?...ou s'uniront-ils à tous les peuples de la terre dans un embrassement général ?

Voilà, cher lecteur, la double alternative dans laquelle nous sommes. Ni vous, ni moi, ni personne, nous ne pouvons nous soustraire à la triste conjoncture des temps présents. Il faut que tous les hommes qui pensent et qui ne sont pas dévorés par l'égoïsme ou des

préjugés aveugles, s'unissent dans un sentiment d'amour patriotique et fraternel, pour éclairer l'Europe d'un nouveau rayon !!!

La France a rendu universel le mot liberté ! Qu'elle rende à
l'humanité haletante cet autre mot aussi ancien, aussi sacré, aussi
impérissable, que le Christ a rappelé aux hommes au commence-
ment de cette ère, et sans lequel l'humanité ne pourrait exister, et
devrait céder la terre aux animaux immondes qui la peuplaient
avant que le soleil ne l'éclairât.

Permettez-moi, cher lecteur, d'ajouter une pensée qui m'est toute
personnelle et qui ne me quitte pas. C'est que nous devons être la
gloire ou l'opprobre de la présente génération, car si nous triom-
phons de nos passions en posant les bases du bonheur des futures
générations, nous préparerons pour nos âmes une félicité éternelle
dont je me fais une idée dans un état de parfaite harmonie ; tandis
que si, abandonnés à nos mauvaises passions, nous ne conjurons
pas l'orage, notre âme, après notre mort, en proie à un délire inex-
primable, se tordra dans d'affreuses convulsions sur les ruines
fumantes, amoncelées sur la terre, et dans le paroxisme des douleurs qu'endurent ceux que l'égoïsme et l'hypocrisie ont toujours
gouvernés !

Maintenant, cher lecteur, vous me demanderez de quel droit je
viens vous parler de concilier deux partis aussi opposés?

Permettez-moi de vous faire un court abrégé de mon existence
passée, et vous jugerez après si j'ai le droit de vous faire entendre
des paroles de paix et d'amour, et de chercher à vous faire voir le
bonheur de l'humanité et votre gloire éternelle, dans un rayon
d'amour fraternel.

Je suis né d'une famille aisée, quoique sans fortune. A dix-sept
ans je sortais d'un lycée des environs de Paris pour venir, après
avoir perdu ma mère, utiliser le peu que je savais. Arrivé à Paris,
j'employais les loisirs que me laissaient mes occupations à comprendre la belle déclaration des droits de l'homme et du citoyen
et je faisais partie de la société placée sous ce patronage.

En 1834, au 13 avril, je m'abandonnais corps et âme à la géné-
rosité naturelle à mon âge sur un ordre qui paraissait venu du
comité, et j'étais victime comme mes camarades de mon dévouement
à la cause populaire, car, dans ce temps là, nous n'avions surtout en

vue que l'amélioration du sort des travailleurs. Cependant vaincu, mutilé par des gardes nationaux fous de colère, et passant sur le pont au Change, le pantalon en bas des jambes et les bottes des municipaux sur les talons, bon nombre de ces pauvres gens pour le sort desquels nous venions de sacrifier notre vie, et de souffrir ensuite cent fois la mort, criaient : à l'eau!!! à l'eau! Je ne leur en ai pas voulu, et pourtant un des nôtres, pauvre jeune homme placé sur la file de gauche, presqu'en face de moi, a eu le crâne brisé d'un coup de crosse de fusil, à la suite d'une lutte corps à corps, motivée par le nouveau supplice de l'écrasement des talons que sa fierté ne pouvait supporter.

En 1835, étant sous les verroux, j'ai empêché une bataille entre camarades d'infortunes qui eût été sanglante et qui nous eût couverts de ridicule et remplis de douleur.

Peu à près, je contribuai à l'organisation d'une communauté des vivres entre ceux qui avaient peu ou rien, et ceux qui avaient beaucoup. Le luxe du riche était partagé avec la médiocrité du pauvre. Plus tard j'étais un de ceux qui furent désignés par tous nos camarades pour vérifier les comptes de gestion du *National*, au sujet des dons et offrandes faits par nos bien-aimés concitoyens pour les détenus républicains de Marseille, Lyon, Rouen et Paris.

Sorti en 1835, je n'ai jamais cessé de plaider la cause des travailleurs; tout en travaillant moi-même pour mon instruction et mes besoins, je n'ai jamais manqué aux manifestations légales en faveur des libertés publiques et de la dignité de l'homme abaissée. J'ai souscrit à toutes les œuvres nationales, dans la mesure de mes moyens. Je me rappelle que j'ai été un des premiers à verser à la souscription ouverte par le *Charivari* et destinée à offrir une épée d'honneur à Dupetit-Thouars pour le remercier de sa noble conduite.

J'ai contribué à faire aimer la République, qui inspirait tant d'horreur aux gens de mon temps, et à faire disparaître les préjugés créés par le mensonge et les exagérations calculées des royalistes.

J'ai conquis pour moi-même la considération publique, à laquelle j'attachais d'autant plus de prix qu'il en rejaillissait toujours un peu sur les doctrines que je défendais, et que je voulais voir adopter par tous mes compatriotes.

En 1839, après être venu pour aider Barbès, j'ai pu juger que l'occasion n'était ni juste, ni bonne; j'ai refusé de marcher. Revenu à Paris au mois de novembre pour me marier, je n'ai cessé d'exposer les sentiments dont mon cœur est rempli, et d'élever ma famille dans ces sentiments d'honneur et de délicatesse qui font l'ornement et le bonheur de ceux qui les partagent.

En 1847, je me suis uni au comité de la reforme pour aviser aux mesures à prendre en présence de la décadence de plus en plus sensible du gouvernement de Louis-Philippe; j'ai souscrit au banquet du 22 février et j'ai déploré la reculade qui eut lieu au point de vue de la réforme électorale et de la ruine des intérêts de la famille de Louis-Philippe, mais non au point de vue de la révolution que cette reculade rendait inévitable, en forçant d'agir les hommes, qui, quoique avancés et ne craignant pas de s'offrir en sacrifice, espèrent toujours que la lumière se fera pour ceux qui n'en comprennent par l'éclat. Si ce pouvoir, tout mauvais qu'il était, avait voulu marcher en avant, je me serais contenté de sa marche certaine, quoique lente.

En 1848, le 23 février, j'ai marché en faveur de la réforme dont ne voulait pas le pouvoir, bien décidé à aller plus loin si le Roi ne se rendait pas au sentiment public. Je me suis servi du grade qui m'avait été confié à raison de mes idées de progrès et de ma résolution franche pour faire avancer les événements. Une voix inconnue m'avait crié d'une fenêtre au moment où je sortais : « Ramenez-nous quelque chose de bon ! » C'était une voix inspirée. Je n'ai pas voulu rentrer sans rapporter la République, qui seule pouvait régénérer la France. Aussi n'ai-je pas consenti à nous laisser berner de nouveau par les pétitions qu'on nous proposait de porter au Roi.

Tous les patriotes présents à la mairie ont prononcé d'une voix unanime le fameux trop tard, quand, à la dernière heure, on est venu nous annoncer l'abdication du Roi et la réforme !

L'expérience était complète, et nous aurions mérité le sort le plus funeste, si nous avions eu la faiblesse d'y consentir. Après la victoire, je suis resté soldat du peuple, passant les jours et les nuits, pour empêcher tout désordre même léger. Je puis dire que jamais peuple n'a été plus grand que celui qui habitait Paris à ce moment. Aussi était-ce un grand triomphe pour mon cœur qui avait si souvent combattu cette idée, que la révolution serait couverte de sang et de victimes... Tous les hommes unis dans un sentiment si pur étaient prêts à s'embrasser : les malfaiteurs de profession eux-mêmes, frappés de stupéfaction, ne savaient plus profiter des immenses avantages que leur offrait la confiance publique. Ah ! je puis le dire, parce que je le vois comme aujourd'hui, les hommes étaient plus près du ciel que de la terre (Malheur à ceux qui n'étaient pas sincères). L'envie, l'égoïsme et le mensonge avaient fui au seul souffle de la Révolution ; transis d'épouvante, ils semblaient avoir quitté notre ville bien-aimée... Ah ! que de joie, de bonheur et d'espérance les hommes de cœur avaient en ce moment !... Peu après, j'ai vu ceux qui avaient reçu le mandat de fonder notre République la perdre par leur peu d'expérience et de science administrative...... J'ai cherché à leur ouvrir les yeux sur les périls qu'ils couraient !.. Ma voix n'a pas été écoutée. Attermoiements des élections, inaction dans les affaires de l'État, sacrifices inutiles, impôts mal compris, manque d'énergie et de dévouement, tout sembla fait pour rassurer et renforcer la réaction tremblante, en lui permettant de s'organiser pour briser la République qu'ils venaient d'acclamer, et les hommes qui la conduisaient si mollement. Par son organisation défectueuse du travail parisien, il n'arrivait qu'à démoraliser les masses populaires ; par sa direction en dehors de tous les usages, il n'arrivait qu'au plus triste discrédit. On voyait un grand nombre d'ouvriers se coucher sur le lieu du travail quand il faisait beau, ou passer leur temps chez le marchand de vins, quand l'état du ciel ne le permettait pas. Les mauvais sujets et les mauvais cœurs reparaissaient ; la police secrète faisait elle-même les affaires de la réaction, et non celles de la République, ainsi qu'il résulte d'une conversation dont j'ai été le témoin auriculaire involontairement.

Pendant ce temps, les idéalistes faisaient des phrases à perte de vue et entraînaient le peuple dans des promenades sans but, qui ne contribuaient qu'à alarmer le commerce et l'argent qui s'y destine, et le pouvoir n'avait pas la force de s'y opposer ; aussi la France et surtout la démocratie allaient en se décomposant.

Malgré ces causes de découragement et la ruine de mes intérêts,
je n'ai pas cessé d'assurer mon concours chaleureux au gouvernement de la République issu de nos efforts, et notre ferme attitude
(artillerie de la garde nationale) étayait le gouvernement, je puis le
dire, malgré tout le terrain qu'il perdait chaque jour par son administration imprévoyante et sans énergie comme sans initiative. Je
me hâte de jeter un voile sur les tristes et lamentables événements
qui furent amenés par cette faiblesse et les efforts de la réaction.
Là encore j'ai fait tous mes efforts au péril de ma vie pour rame-
ner ceux qui étaient égarés par les tristes suites de notre glorieuse
révolution ! Peu m'ont compris....

Plus tard, lors des élections présidentielles, j'ai assayé de dire au
peuple l'étendue de ses droits et la limite de ses devoirs, et de le
mettre en garde contre une puissante réaction, mais, « la Provi-
« dence, qui avait arrêté son programme, n'a pas voulu revenir sur
« ses pas » le prince fut nommé ! Jusque-là, je m'étais sacrifié pour
ma patrie et pour les idées de 89 ; j'ai dû quitter la France et
Paris qui ne m'offraient plus que des dangers à courir sans compen-
sation ; j'ai dû cette fois me sacrifier à ma famille éplorée à laquelle
j'étais plus utile qu'à la France... J'ai fui Paris, emportant encore
le secret espoir que tout n'était pas perdu. C'était le 25 décembre 1848 que je quittai le sol de ma patrie aimée....

Je ne restai pas longtemps à Alger sans occupation : je fus dans
un service de travaux publics tant que dura ma captivité volontaire,
et cela malgré le sacrifice que j'en ai fait, en ne répondant pas à
l'appel du plébiscite, et en y répondant ensuite sur ordre formel
de mes chefs : « *Que j'étais dévoué corps et âme à l'autorité en ce
qui concernait les fonctions dont j'étais chargé, mais] que, quant
à mes convictions politiques, je n'en devais compte qu'à ma conscience et à Dieu !* »

Je ne fais que rendre stricte justice au prince président en disant
que, malgré cette fière reponse, ma position fut conservée.

Ah! si vous saviez, cher lecteur, tout ce que j'ai souffert à cette
époque où nous attendions avec tant d'anxiété les navires qui nous
apportaient les nouvelles de notre chère France ; les douleurs que
mon cœur a éprouvées ne peuvent se narrer. Sachez seulement
que je n'ai dû de conserver la raison qu'à une force morale inouïe,

au travail, et surtout à une énorme et rapide montagne que j'avais à franchir matin et soir pour retourner chez moi, ce que je faisais en courant de toutes mes forces, soit en montant, soit en descendant.

Depuis cette époque, cher lecteur, jusqu'au jour où j'ai eu l'idée de cet opuscule, 18 mai 1865, mon dévouement à mon pays et à l'humanité n'a pas cessé; seulement les quinze ans d'expérience nouvelle que j'ai acquise des hommes et des sociétés, unis à la réflexion, m'ont fait comprendre que nous étions dans une phase nouvelle, et que le but qui ne peut plus se circonscrire à une contrée devait être atteint par des moyens différents. Ce qui fait la force de l'architecte et celle de l'œuvre, c'est l'emploi qui est fait des matériaux, des lieux et des temps où l'œuvre est bâtie. Sachons donc nous servir des matériaux politiques et moraux de notre temps, et nous édifierons un monument impérissable.

Maintenant que vous connaissez mon existence d'une manière presque complète, quoique très-sommaire, jugez, cher lecteur, si j'ai acquis le droit de vous parler au nom de la liberté et de la fraternité humaine. Trente années de convictions ardentes et de sacrifices de toute espèce sont-ils faits pour inspirer quelque confiance à mes concitoyens? J'en ai l'espoir au moins pour le plus grand nombre; c'est pourquoi je vous demande quelques minutes d'attention.

IMPERIAL.
TIMBRE
5
cen
SEINE

DEUXIÈME PARTIE.

—

De la nécessité de l'union politique entre tous les Démocrates Républicains et Napoléoniens.

Je me sers de l'appellation générale de démocrates pour ces deux grandes fractions de l'opinion publique en France, parce que les républicains fondent le meilleur des gouvernements, sous les auspices des immortels principes proclamés en 89, tandis que les amis de l'empereur Napoléon III les adoptent également, puisque leur chef et leur guide a pris soin de les inscrire en tête de la constitution dont il est l'auteur........

J'ai dit dans ce qui précède que l'union de ces deux grandes fractions du peuple pouvait assurer le triomphe de la France, comme le désaccord prolongé assurer la ruine avec son cortége de désastres :

1° Parce que la France unie consacre les progrès de l'esprit par l'instruction et la moralisation de tous ses enfants ;

Parce qu'une nation éclairée est une nation puissante;

Parce qu'une nation puissante triomphe de tous ses ennemis.

2° Parce que la France, désunie, se démoralise.

Parce que tout peuple démoralisé est en décadence;

Parce que tout peuple en décadence est un peuple conquis.

Or, voulez-vous être heureux et avoir la gloire immortelle d'avoir assuré à cette époque de transition la marche du progrès ? Soyez unis....

Voulez-vous attendre en tremblant, quoique dans une sécurité trompeuse, que les barbares du Nord viennent vous chasser, restez désunis : c'est le sort de toutes les nations qui tombent en décadence !

Mais non ! le sens moral n'est pas oblitéré à ce point...... le sang qui coula à Solférino et à Magenta coule encore dans nos veines ; l'heure des désastres ne sonnera plus pour la France... Mais il faut bien que l'homme, cette si frêle et si forte créature en même temps, se remette des étonnements de la vie, afin de ne pas confondre ses ennemis et ses amis.

Qui, en ce moment, cause notre aversion, qui empêche tous les Français d'être unis dans un même sentiment de grandeur et de progrès ???

Permettez-moi, cher lecteur, de rechercher les motifs de cette division et d'examiner ensuite s'il serait possible que tous s'unissent pour concourir au but commun. L'empereur Napoléon III a un grand cœur. J'en ai la certitude : ce visage impassible en apparence cache des tempêtes d'émotions, et s'il est soutenu dans ses vues par la partie vive, intelligente et désintéressée de la nation, nous marcherons d'un pas ferme à la liberté et à la fraternité universelles....

Si, au contraire, il n'a pas les seuls soutiens qu'il puisse désirer, son sentiment démocratique le forcera à s'appuyer de nouveau sur les cléricaux et la réaction qui obtiendront, par l'astuce et la ruse, la confiscation des progrès accomplis, à moins que les hordes du Nord ne viennent avant, pour détruire à tout jamais ce foyer sans cesse renaissant de doctrines pestilentielles qu'on appelle la France.

Si l'empereur Napoléon III avait conservé la dictature malgré l'apaisement du pays, s'il avait même conservé les allures monarchiques des premiers temps de son règne, s'il n'avait pas rétabli le suffrage universel, s'il n'avait voulu faire aucune réforme administrative et politique, s'il n'avait rien fait pour les nationalités opprimées, ah ! je comprends que malgré les étapes glorieuses de nos armées, l'augmentation fictive ou réelle de la fortune publique, et la protection dont jouissent l'agriculture, les arts et l'industrie, les Républicains continuent à se tenir à l'écart d'un pouvoir qui, en domptant le plus précieux des biens, la liberté, ne s'adresserait qu'à une certaine forme de l'imagination et aux instincts matériels ; on pourrait croire alors que c'est là un ensemble de mesures funestes à la liberté et au développement physique et intellectuel de la nation de la part d'un habile despote.

A l'origine, en effet, tandis que la constitution disait non, les débuts disaient oui.

Cependant il n'en était rien : après avoir fait acte d'homme d'honneur en prenant auprès de lui les hommes de la réaction cléricale, qui cependant n'avaient eu en vue que leurs propres intérêts, après avoir pu juger qu'ils étaient toujours les mêmes et qu'ils voulaient faire rétrograder la civilisation française, il les a éloignés, et est rentré dans le giron de la révolution, c'est-à-dire des principes de 89.

Que de chemin depuis le ministère Falloux !...

Que de chemin depuis le ministère d'Hautpoul !

Qui le forçait cependant ? maître d'une puissante armée, n'ayant affaire qu'à un peuple terrifié, ou ardent à retourner en arrière, animé et surexcité par tout ce que la passion antirévolutionnaire avait pu produire, poussé par la rage insatiable de ceux qui avaient crié vive la République d'une voix menteuse, ainsi que par tous les petits chiens qui jappent après les vaincus, le triomphe était certain.....

Ah ! l'occasion était belle pour asseoir un despotisme à la Néron ou à la Caligula, ceux qui ont si glorieusement fait le sac de l'imprimerie Boulé en eussent fait bien d'autres, pour peu qu'il y ait eu un maître pour approuver, des baïonnettes pour les soutenir. Eh bien, rien de ce qu'on pouvait et devait craindre n'a eu lieu.

Ne sentez-vous pas, cher lecteur, tout ce que cette conduite mérite de reconnaisance de la part des vrais amis du progrès ?...

Pourquoi n'a-t-il pas enseveli la liberté dans ses langes mal assujettis ? Évidemment parce qu'il n'a pas le tempéramment tyrannique.

Donc, puisque l'Empereur, avec une puissance sans bornes et la rage d'une multitude prête à tout faire à son service, n'en a profité que pour rétablir le calme parmi la nation agitée, assurer des institutions durables et perfectibles, ainsi qu'il l'a dit et écrit lui-même, et permettre à l'industrie de se développer, aux arts de se produire et à l'agriculture d'enrichir le pays, que bien mieux, il a restitué une grande partie de ce que l'effervescence du moment et les hommes du passé l'avaient forcé de prendre, on ne peut que lui savoir gré de sa conduite, et ce ne peut être elle qui serait la cause jusqu'à ce jour de la prolongation de la désunion qui subsiste parmi les adeptes d'une même idée.

Oui, Napoléon III a marché avec nous contre les ultramontains qui veulent l'abrutissement des masses.

Il a marché contre les ultramontains et avec nous qui voulons l'affranchissement des nationalités.

Il n'a pas abandonné les libertés que ces hommes incorrigibles et incivilisables voulaient détruire, et cependant, la destruction des libertés est chose si facile et si agréable aux tyrans!.....

Je le dis du fond du cœur, Napoléon III n'est pas un despote dans l'acception ordinaire et odieuse du mot ; aveugle qui le croit...

Un despote gouverne seul et par des proconsuls ;

Un despote ne s'occupe ni de l'esprit, ni de l'intelligence des peuples, son despotisme cherche l'obscurité et non la lumière : demandez plutôt aux disciples de Loyola.....

Un despote s'occupe de ses plaisirs et non des vœux plus ou moins exprimés de ses esclaves, etc.; mais aussi, son rayonnement qui fatigue et humilie s'arrête aux limites de ses États ; il s'éteint avec son existence...

Napoléon III, soyez-en certain, a une plus grande et plus noble ambition.....

Si, comme je pense l'avoir établi, l'exercice du pouvoir suprême, *ce pouvoir étant admis*, n'a pu faire des ennemis de l'Empereur parmi les vrais amis de la liberté et du progrès, on doit chercher le motif de l'inimitié qui se prolonge dans deux causes : la première dans la manière dont il s'est emparé de ce pouvoir, la deuxième dans la forme qu'il lui a donnée...

Ah ! c'est dans la première de ces causes que les patriotes se sont sentis vivement blessés et irrités. En effet, chacun se croit le protecteur-né de la fille de son ami ; sans jamais rien faire pour contribuer à son efficace protection, on est rempli d'indignation si elle se marie sans vous consulter... Mais si on apprend que c'est un ravisseur qui s'en est emparé violemment, on lui gardera une rancune presque éternelle, et moi le premier, je le confesse, cher lecteur, je ne puis encore oublier cette époque néfaste, malgré la conviction que j'ai acquise qu'elle n'a pas eu trop à souffrir avec le ravisseur ; mais il est de l'essence de l'homme d'abhorrer la violence et la surprise non motivée ou qu'on *croit telle*...

C'est ici qu'il convient de raisonner froidement, non-seulement avec son cœur, mais aussi avec sa raison bien calme et réfléchie.

J'établirai d'abord qu'il y a deux sortes de ravisseurs : celui qui enlève une enfant aimée et adorée de ses père et mère et qui est l'objet de leurs soins les plus attentifs....

Et celui qui enlève ou prend une enfant abandonnée par des parents indolents et plus occupés d'eux ou de contes bleus que de leur chère enfant ; ou une enfant née de parents placés dans la triste impossibilité de s'en occuper...

Hé bien ! la République française issue de la révolution de février était notre enfant.

Elle a été ravie au monde... Examinons si le ravisseur ne serait pas plutôt à louer qu'à blâmer. Ah ! si elle eût été traitée comme elle le méritait, si ses parents d'adoption et ses tuteurs s'en fussent souciés comme ils en avaient le désir, au moins en partie, si sa croissance eût été l'objet de la sollicitude de ceux qui disaient lui vouloir du bien !... s'ils avaient été prêts à faire les sacrifices que sa position a réclamés, le ravisseur eût été un grand coupable, et la France elle-même, qui a vu d'un œil indifférent le rapt, ne serait pas pardonnable ni digne de vivre jamais sous ses lois.

Mais quand on se rappelle l'état de cette pauvre République, ses tuteurs qui se déchiraient entre eux et qui la laissaient flétrir et attaquer par tous ses ennemis; quand on se rappelle que lorsqu'elle était écartelée au milieu d'eux (puisqu'on lui enlevait le suffrage universel), aucun ne trouvait dans son cœur l'indignation qui seule aurait fait reculer la réaction, ni même le vulgaire courage d'abandonner le traitement de représentant du peuple, plutôt que d'assister un seul instant à un triomphe de la réaction aussi honteux pour nous. Avouons-le, un seul n'a pas de regrets éternels à s'adresser parmi tous ces hommes que la France avait envoyés pour soutenir la République et la développer; c'est celui qui a eu la force de rétablir le membre de la pauvre mutilée.

Quand on se rappelle que, parmi ces mêmes parents et tuteurs, celui qui était considéré, par beaucoup, comme son père d'adoption, n'ayant pas eu le courage de lui éviter la honte ineffaçable de l'expédition de Rome, a eu la triste pensée que les femmes à la Chambre remplaceraient utilement les hommes et en a fait la proposition sérieuse, dites-moi, ami lecteur, n'étions-nous pas en pleine décadence; c'était bien là le cas de remettre la souveraineté qu'on ne pouvait soutenir entre les mains des femmes!

Croyez-vous, cher lecteur, que couverte de meurtrissures, que dis-je, amputée du principal organe de sa vie, tachée au visage, elle était une enfant bien heureuse, et que ses pères éloignés d'elle, ses vrais pères, ceux qui ont sacrifié leur vie pour elle, si leurs yeux avaient pu voir, n'auraient pas versé des larmes sur son sort, et s'ils se fussent reconnus impuissants à la secourir, à la replacer sur son trône de France, n'eussent-ils pas préféré, nouveaux Curtius, la voir morte glorieusement que traîner une vie languissante au milieu de toutes les hontes? Ah! les pères me comprendront et ceux qui peuvent le devenir en auront le pressentiment.

Eh bien, sans chercher davantage des motifs de tristesse aussi poignants, c'est dans cet état qu'elle était lorsque le ravisseur intrépide s'en est emparé. Un autre ravisseur guettait aussi le moment de la surprendre; il avait derrière lui et avec lui tout ce que la réaction royaliste comptait d'élevé et qui avait trempé dans toutes les douleurs de la pauvre enfant et les nôtres.

Eussiez-vous préféré, cher lecteur, qu'elle fût échue à cet autre ravisseur?....

Elle changeait de nom également, au lieu de s'appeler Empire, elle s'appelait Royauté.

Oh non , n'est-ce pas ! à moins que vous ne soyez lié par votre famille ou par la reconnaissance, vous n'auriez pas voulu du rétablissement de la Royauté; elle eût traîné à sa suite trop d'exactions de sang et de larmes; car, vous le savez ! ses plus chers auxiliaires, ne sont-ce pas l'hypocrisie, le mensonge et la calomnie! Ah ! vous n'auriez pas voulu de cette royauté qui nous a déjà causé tant de douloureux chagrins, et qui nous ramenait immédiatement au régime de l'Espagne ! pas celui qui vient, mais celui qui fuit.

Eh bien, c'est aussi à cet autre ravisseur que la République a été enlevée par un coup aussi bien combiné que plein d'audace, car les royalistes étaient prêts, ou peu s'en fallait, et parmi les républicains, Napoléon savait bien que si elle avait manqué d'administrateurs, elle trouverait au jour du danger des défenseurs. Sa conduite a donc été d'une grande sagesse, en même temps qu'un grand bonheur pour nous, puisque le sacrifice des hommes que nous aimions aurait excité une nouvelle guerre civile qui eût replongé pour longtemps notre pauvre France dans le deuil et affaibli considérablement le parti du progrès, en rendant inévitable un nouvel appel à l'étranger et une nouvelle restauration.

Faisons donc taire notre colère née de l'amour que nous avions pour notre trop malheureuse République, et de l'aveuglement dans lequel nous étions sur le péril où l'avait conduite l'inexpérience et la naïveté de ceux dans lesquels nous avions placé notre confiance, et rendons grâce et justice à Napoléon qui, en supposant qu'il eût voulu satisfaire une grande ambition, n'en a pas moins sauvé la France d'un nouveau despotisme clérical et étranger, tout en consacrant de nouveau *l'unité française, objet d'horreur de la réaction.*

La deuxième cause que j'ai énoncée de la répulsion des républicains pour l'Empereur, c'est la forme qu'il a donnée au pouvoir dont il s'est rendu maître. A cela les républicains diront : Parbleu, il ne pouvait que créer l'empire à son profit! Je demanderai la permission d'ajouter que le plus grand démocrate n'aurait pas pu ni dû proclamer autre chose sous peine de périr le plus misérablement. Nous n'étions plus en 48, où la rapidité de l'action avait

étonné le monde et rendu craintifs les rois de l'Europe, qui crai-
gnaient d'irriter le lion. Une République dans ce moment-là, c'était
un non-sens, un mensonge ou une absurdité. En excitant les passions les plus contraires, elle restait livrée sans défense aux atta-
ques des écrivains sans foi ni conscience. Vous en avez fait l'expérience, mon cher lecteur, combien de ces écrivains qui lui ont jeté
de la boue, croyant la salir sans l'atteindre, mais qui affaiblissaient
néanmoins la foi instinctive des hommes naïfs, chez lesquels une
calomnie laisse toujours quelque chose, surtout lorsqu'elle est
imprimée ou débitée sur un théâtre.

Mais pourquoi êtes-vous républicain, cher lecteur? Si ce
n'est pour le bonheur de tous vos semblables, ainsi que pour le
vôtre et pour la meilleure administration de la fortune publique?
Car notez-le, vous ne pouvez assurer votre bonheur si celui des
autres ne l'est pas. Voyez-en la preuve dans nos malheureux frères
qui, n'y ayant pas assez pensé, ont été plongés dans l'exil, je dirai
presque dans l'oubli du plus grand nombre, et si vous désirez
avant le nom la chose, rappelez-vous que dans l'état de ruine et
de désagrégation du parti républicain, rien de fort et de durable
n'était possible : il fallait reprendre la société du plus bas pour
l'amener par degré à désirer ce qu'elle semblait craindre. Je ne
crois pas pouvoir être démenti en avançant que s'il était permis
aux républicains comme aux catholiques ultramontains d'envoyer
dans un congrès, non les plus ardents, mais les plus sages, le ré-
sultat des délibérations serait, pour le moment au moins, contraire
au rétablissement de la République. Nous n'avons personne, ni les
vertus, ni la mâle énergie, ni l'abnégation, et le mépris des jouissances mondaines, ni surtout le sublime sentiment d'amour qui
doit unir tous les hommes comme un seul. Dieu a voulu nous
apprendre à nous aimer en nous donnant la femme, et voilà qu'elle-
même sera bientôt délaissée.

Voilà, mon cher lecteur, ce que je crois la vérité, et l'instinct des
populations est là qui me donne *raison*. *Pourquoi?* parce qu'elles
sentent que le mouvement se fait, que peu à peu les progrès se
réalisent, et l'humanité, qui comprend les lois de sa conservation,
veut obéir à sa loi sans secousses violentes quand elle en comprend
la possibilité. Vous aussi, cher lecteur, si vous n'obéissez pas à un

désir de renversement irréfléchi et intéressé, vous voudrez juger
du progrès de la civilisation, vous voudrez être un des ouvriers de
la rédemption française et européenne, et vous vous joindrez à nous
pour prier les vrais apôtres des hommes et des nationalités qui
gémissent loin de la patrie de rentrer et d'oublier leurs douleurs;
vous leur direz comme moi que l'abstention est l'œuvre des enfants
qui boudent et non des hommes qui agissent; vous leur direz que
la France et le progrès ont besoin de tous leurs adeptes. Ne voyez-
vous pas au milieu de ses divergences et de ses convergences le
sens moral qui s'oblitère, l'esprit français sans gouvernail s'en va
à la dérive : si l'Empereur règne et gouverne sur les corps et les
choses matérielles de la société, il ne règne pas sur les esprits, et
soyez convaincu qu'il serait heureux s'il voyait les hommes d'élite
de la démocratie parler aux masses, leur montrer le sentier du vrai
et du juste, combattre la licence des mœurs, et montrer le beau,
le vrai beau, qui se perd chaque jour par l'abus des jouissances
matérielles et l'oubli de toute simplicité comme de toute grandeur.
Qu'ils reviennent donc, et qu'ils se mettent courageusement à l'ouvrage pour combattre ce que des écrivains égarés ont produit déjà
sur les femmes et l'esprit des enfants; qu'ils viennent nous montrer
et nous encourager à être des hommes et nos filles à devenir des
femmes dignes de porter dans leur sein les régénérateurs des pro-
chaines générations.

C'est en faisant des hommes qu'on arrive à créer pour une époque donnée de vrais républicains dignes de ce nom et capables
des sacrifices qu'il impose, Ainsi comment voulez-vous que ce peuple, si plein d'esprit, s'occupe du côté sérieux de la vie s'il est abandonné par le découragement des uns et l'éloignement des autres.
Il atteindra de suite la dernière phase des Athéniens sans avoir
obtenu la grandeur des précédentes... Et ce sera parce que nos
chers compatriotes se seront voilé la face devant le danger. Pour
trop aimer la France, ils l'auront abandonnée à de perfides conseils
et auront perdu le droit de la plaindre.

TROISIÈME PARTIE.

Comme quoi une Révolution est impossible en 1865.

A ceux de mes compatriotes et amis qui ne seront pas suffisamment renseignés par les déductions logiques que je tire des faits contemporains pour établir l'intérêt qu'ont tous les patriotes de se rallier franchement et solidement à Napoléon III, je tiendrai un dernier langage.

Si vous ne vous ralliez pas à la fortune de Napoléon III, quoique vous opposant dignement et fermement par la discussion tranquille, par vos votes lors des élections, par votre influence et votre opinion nettement formulée partout où vous émettrez une opinion sur les actes qui ne vous paraîtraient pas conformes aux intérêts généraux, alors vous restez démocrates républicains et comme toute conviction mène à un but, ce but est le renversement du gouvernement actuel au profit d'un autre, celui de la République, par exemple.

Vous tiendrez alors le même langage que nous tînmes avant 1848: *Des hommes pour gouverner*, nous en trouverons, les événements en produiront comme ils produisirent les immortels défenseurs de la première République et de l'Empire. Mais permettez, cher lecteur, à un ouvrier de la première heure, qui a fait la guerre au roi Louis-

Philippe pendant dix-huit ans, d'examiner avec vous quels étaient les auxiliaires de cette brûlante jeunesse qui de 1831 à 1848 a sacrifié son sang, sa fortune, son avenir et sa liberté pour la plus grande gloire de la France, car vous pensez bien que si cette poignée de généreux étourdis, comme on les appelait alors, n'eût pas eu d'auxiliaires, elle n'aurait jamais triomphé, quelle que soit la somme de considération qu'elle s'était appliquée à mériter des masses ; elle n'aurait jamais triomphé, dis-je, d'une armée considérable par rapport au nombre de ses vrais combattants, qui était soutenue de plus par une garde municipable capable de tout.

Eh bien, croyez-moi, nos auxiliaires étaient nombreux dans l'ordre civil et dans l'ordre militaire.

Dans l'ordre civil, nous avions au premier rang trois célèbres ministres qui, par leurs oscillations un à un, ou deux à un, symbolisaient la balançoire politique. Ils étaient les auteurs ou complices des lois de septembre, l'un particulièrement qui par ses allures franchement despotiques se faisait détester de la plus magnifique façon. Ces hommes d'État pensaient que la France était ravie par la substitution de l'un à l'autre, et ce pauvre roi Louis-Philippe croyait avoir satisfait une partie de la France : l'aristocratie, quand il avait mis celui-ci à la place de celui-là, ou de l'autre qu'on appelait encore l'austère despote , et satisfait l'autre partie, la bourgeoisie libérale, quand il avait substitué celui-là à la place de ceux-ci. Hélas ! il n'avait contenté personne, et chaque fois, au contraire, il avait perdu un certain nombre de ceux qui jusque-là avaient espéré en lui. Nos auxiliaires étaient encore parmi ceux qui flattaient le sentiment de couardise, lequel produisait quelquefois beaucoup de bruit pour ne rien faire. Dans l'ordre militaire nous n'en manquions pas non plus, car les reculades sans cesse renouvelées du gouvernement en face des prétentions injustes causaient des crispations nerveuses à ces descendants des Bayard, des Duguay-Trouin, des Turenne et des Hoche.

Dans un ordre d'idées plus vulgaire nous avions des auxiliaires sous le casque : c'étaient MM. les gardes municipaux qui dans les fêtes publiques se faisaient les tyrans de tout le pauvre peuple ; ils ne marchaient pas toujours sur les talons, mais alors ils marchaient sur les orteils. Ah ! eux aussi, ils ont contribué à la chute du gouvernement de Louis-Philippe ; ils insultaient même quand ils pouvaient notre armée de ligne, à laquelle ils savaient toujours faire sentir la supériorité de leur solde et de leur habillement.

Voilà quels étaient nos auxiliaires, ils étaient nombreux vous le voyez. Et quand un citoyen bon philippiste demandait à être éclairé sur la valeur du gouvernement, à ceux qui aimaient la gloire, nous avions une réponse, à ceux qui voulaient la députation plus nombreuse, réponse, à ceux qui voulaient la dignité de la France, réponse, à ceux qui voulaient la liberté, réponse, à ceux qui voulaient l'émancipation des ouvriers et l'amélioration de leur sort, réponse, à ceux qui voulaient l'ordre dans le gouvernement (les procès tristement célèbres du temps étaient bien au-dessus de ce que nous aurions voulu dire); réponse toujours, réponse à toutes les interpellations qui nous étaient adressées et qui rendaient ce gouvernement odieux et ridicule.

Ah ! si Louis-Philippe n'avait pas été renversé du trône par une jeunesse brûlante devenue âge mur, il lui serait arrivé quelque chose de cent fois plus triste, de plus humiliant : il serait tombé sous une immense clameur de mépris, à moins, chose impossible, qu'il n'ait abandonné son trinôme et qu'il ne fût revenu à la vérité gouvernementale. Mais si nous n'avions pas répondu à ces conditions, nous aurions méconnu notre siècle, nous aurions été les premiers anneaux de cette chaîne de la décadence dont nons sommes menacés. Aujourd'hui, tandis que, Dieu merci, nous n'appartenons pas à la génération qui est en décadence, si tant est qu'elle y soit, nons nous sentons vivre et nous n'abdiquons pas encore notre énergie. J'en appelle à tous ceux qui ont combattu par l'épée ou la plume depuis 1832 jusqu'à 1848.

Les clameurs enthousiastes des enfants, des femmes et des vieillards, les 23 et 24 février, nous ont confirmé dans la croyance que nous étions réellement dans le sentiment national et que nous en avions le feu sacré.

Eh bien! outre la raison qui lui criera que le sacrifice n'a pas le sens commun, où sont les auxiliaires que trouverait l'homme déterminé, s'il y en a, pour renverser l'Empire?

Quels sont les moyens moraux qu'il pourrait employer pour faire des prosélytes?

Constatons d'abord en fait, qu'à moins d'être un bretteur qui a soif de sang, ou un pauvre ouvrier sans ouvrage qui se bat pour donner du pain à sa femme et à ses enfants, tout homme qui ose risquer sa vie dans la rue contre le pouvoir établi, a un immense intérêt national à servir, à moins qu'il ne soit un stupide fanatique.

Les première et dernière catégories étant écartées comme n'existant qu'à l'état de rare exception, quel est l'homme raisonnable qui croira servir son pays et l'humanité en combattant le pouvoir actuel, alors que sa conscience isolée lui crie qu'il a tort?

L'élargissement du cens? Il est universel, et c'est Napoléon III qui l'a rétabli; la Chambre que la République a envoyée en 1849 l'avait supprimé! Les amis de la gloire militaire? Mais nous en avons plus que nous voudrions, puisque la gloire acquise au Mexique nous embarrasse.

Les amis de l'amélioration des classes ouvrières? Jamais leur salaire n'a été plus élevé; c'est tellement vrai, qu'une foule d'ouvrages et objets fabriqués augmentent dans une notable proportion, et que, d'un avis unanime, jamais elles n'ont été plus protégées. Si la vanité des femmes et la débauche n'envahissaient pas leurs rangs comme les nôtres, leur sort serait le plus enviable.

Les amis du respect civil? Jamais le service de police et de force publique ne s'est fait avec plus d'urbanité et de convenance.

Les amis de l'agriculture? A aucune époque elle n'a été mieux protégée et plus encouragée, quoique en ménageant les intérêts des consommateurs.

Les amis des arts? Jamais ils n'ont été aussi excités et secourus.

Ceux de l'instruction publique? Celui qui a vu cette branche du gouvernement entre les mains d'un M. de Falloux, puis passer dans diverses mains pour arriver enfin à celles de l'éminent professeur qui la dirige aujourd'hui, sait tout ce qu'il peut espérer, et le peuple devine la pensée de son bienfaiteur.

Vous le voyez, ami lecteur, nul auxiliaire dans le pouvoir, tout semble fait pour satisfaire les intérêts et prévenir tous les sujets de justes mécontentements; il n'y en aurait non plus sous l'armure, car l'armée est contente de son sort, qui ne saurait être supérieur, ni même égal, à plusieurs points de vue, sous aucun gouvernement.

N'ayant avec lui personne, ni le moindre sentiment du droit, que signifie le mot révolution? Mais il ne pourrait signifier pour l'immense majorité que désordre!

Une révolution est impossible, vous le voyez, ami lecteur, car dans l'ancien Paris où nous pouvions construire ces immenses remparts que vous savez, nous n'avions quelques chances de succès qu'accompagnés du sentiment populaire et des sympathies publiques. Que ferait une armée d'hommes déterminés dans le Paris actuel, sans matériaux physiques ni moraux? Elle ne pourrait seulement pas produire une émeute qui pût durer deux heures; ce serait donc un sacrifice qui, injuste, puisqu'il n'aurait pas l'adhésion populaire, serait odieux et ridicule.

Il est donc bien évident que ceux qui rêvent une révolution ne réfléchissent pas aux conditions nécessaires pour qu'elle se produise. Ils croient ce que des personnes à idées superficielles disent : *que le peuple de Paris aime le changement pour le changement*, tandis qu'il n'obéit qu'à la grande loi du mouvement qui est le progrès.

Le pouvoir, en obéissant lui-même à cette loi du mouvement, opère une révolution permanente et normale qui rend impossible toute commotion violente.

Que ceux qui ont encore le souvenir de l'acte de violence du 2 décembre, et desquels il n'y a pas longtemps encore je partageais les opinions, m'écoutent avec bienveillance; qu'ils ne s'empressent pas de m'accuser de félonie, car le malheur serait plus grand pour eux que pour moi, puisque je n'ai toujours eu, comme je n'ai encore que le bonheur de la France et des Français pour guide. Qu'ils me permettent de rendre une justice publique à Napoléon III. Je ne le connais que pour l'avoir vu deux ou trois fois, au milieu de la foule, ou par hasard se promenant au jardin des Tuileries, et pour avoir lu attentivement les discours et proclamations qui sont sortis de sa plume. Eh bien! je dois le dire, je n'ai jamais trouvé ce que longtemps j'aurais voulu y voir, ne fût-ce que pour justifier l'opinion qu'avait fait naître en moi l'apparente duplicité dont la République a été l'enjeu.

Je n'y ai vu, au contraire, que des pensées justes, profondément animées du sentiment gouvernemental, et humanitaires par dessus tout : aucun de ces lieux communs, de ces banalités qui n'engagent à rien et qui ne sont ronflants que pour les esprits vagues, mais un sentiment persistant de force en lui-même et de résolution héroïque.

Quand j'ai essayé de passer de la forme apparente à la pensée secrète qui avait dû présider à l'enfantement de ces puissantes conceptions, semblables à l'image photographique que l'on place dans un kaléidoscope, le discours écrit prenait à mes yeux une forme déterminée, comme si elle eût été la pensée elle-même; et plus tard, en effet, l'action venait justifier les paroles. Eh bien! je le confesse, j'ai été amené lentement, mais sûrement, à le juger, non comme un prince vulgaire qui veut le pouvoir pour briller et satisfaire son ambition, mais comme une puissante nature qui veut attacher son nom à celui de la France en la comblant de bienfaits.

Il a été probablement dévoré par un grand désir du pouvoir, mais je crois qu'il a été amené à penser que lui seul était capable de régénérer la France et de la conduire aux destinées que Dieu lui réserve.

Jusqu'à présent, rien n'est venu démentir ses prévisions. Espérons que Dieu et la France l'aideront dans cette noble tâche.

Malgré les colères qu'a excitées son coup d'État, quand la Providence aura permis à ceux des brillants généraux et à ceux de nos concitoyens tant aimés qui en ont été les victimes, de voir que leur vie et celles de beaucoup d'autres eussent été sacrifiées inutilement, s'ils avaient été libres d'agir;

Quand ils auront réfléchi que si Napoléon-Louis eût succombé, la France était plongée dans l'anarchie la plus lamentable, puisque la réaction, avec un puissant général à sa tête, recommençait ce qu'il n'aurait pu faire, ils le pardonneront, ils lui sauront gré au fond du cœur de la promptitude avec laquelle le coup d'État a été exécuté, non pas tant à cause de la conservation de leur existence qui n'a pas pu être sacrifiée, qu'à cause de la mort certaine d'une foule de braves gens qui se seraient joints à eux dans la révolte, et dont la fin glorieuse, loin de servir le pays, aurait enseveli pour longtemps les libertés qui nous sont chères!...

Mais revenons au sujet qui nous occupe, la forme donnée au gouvernement de notre chère France?

Est-il bien certain qu'il y ait entre la République et le gouvernement actuel une différence infranchissable? Quant à moi, en ce moment du moins j'en aperçois une infiniment petite. En effet le gouvernement républicain est le gouvernement de tous par tous. Celui de Napoléon III n'est-il pas fondé sur le suffrage universel? ne sont-ce pas les représentants de toute la nation qui participent au gouvernement; ouvriers, bourgeois ou aristocrates de nom ou de fortune, tous ne sont-ils pas représentés?

Si par hasard les représentants envoyés par la France ne sont pas à la hauteur de leur mandat... s'ils ne comprennent pas quand il faut faire la guerre pour soutenir l'éclat du nom français, ou octroyer des libertés désirées, ce qui n'est pas prévu dans les républiques a été résolu par l'Empereur. N'est-ce pas encore lui qui dans sa sagesse éprouvée en a pris l'initiative, n'est-ce pas lui qui les a octoyées de son libre arbitre?... L'idéal d'une bonne république, c'est celle où l'homme de mérite quel qu'il soit, trouve sa place au soleil... Cherchez, cher lecteur, un homme de mérite qui ayant un procédé, une invention ou autre qui puisse être utile, qui n'ait pas été écouté par l'Empereur, et si un *non-possumus* quelconque est venu l'attrister, ce n'est pas de lui, soyez en convaincu. J'ai dû en juger moi-même, étant dans la foule.

Ah! vous demandez la liberté de la presse, et certes il y a quelque chose à faire, mais la liberté telle que la demandent les écrivains de tous les partis peut-elle être octroyée? Dans l'intérêt de toutes les autres, je ne le crois pas, et à vous les libéraux, mes amis, républicains de toutes nuances, elles vous seraient plus funestes qu'à tous autres.... En efffet, dans la phase actuelle de notre civilisation les masses sont sensibles à celui qui fait le plus de bruit..., D'abord si on ne l'est pas on paraît plus nombreux... Eh bien, seriez-vous dès à présent prêts à vous transformer en bateleur... Avez-vous la grosse caisse et tout l'argent que pourrait employer la réaction pour un système d'intimidation des masses? Vous l'auriez... l'employeriez-vous? Rappelez-vous notre chère défunte; comptez les salisseurs, sans nommer les enfants terribles, et vous me direz ensuite si la liberté de la presse a facilité le gouvernement qui l'avait établie, si, au contraire, enfant ingrate et dénaturée, elle n'a pas puissamment contribué à tuer sa mère...

Serait-il possible qu'une république pût appeler d'avantage que ne l'a fait le gouvernement de l'Empereur, le commerce des nations de la terre? Non... Si elle avait pu le faire autant et aussi bien, nous en eussions été glorieux; les arts non plus ne pourraient être mieux protégés. Vous voyez, mon cher lecteur, la différence entre la République et l'Empire actuel, c'est le nom et une teinte de gouvernement personnel, qui, disons-le, a largement payé sa bienvenue par le génie gouvernemental de celui qui en est le possesseur, uni à une bonté d'âme, à une mansuétude digne d'un homme aussi remarquable.

Je sais bien que vous allez me dire que le gouvernement personnel engendre les multitudes de serviteurs, de courtisans qui deviennent exigeants en raison des services qu'ils croient rendre; qu'ils excitent parmi la nation des appétits insatiables, un luxe ruineux et corrupteur; que sous cette influence démoralisatrice, la société se corrompt, les hommes vénaux engendrent les femmes vénales, mais soyez persuadé que Napoléon III le penseur le sait... qu'il voudrait bien l'empêcher; mais aussi, cher lecteur, lui seul peut-il être Dieu sur la terre ou son réprésentant, et en même temps Empereur, c'est-à-dire directeur au temporel...Si la religion a perdu tout pouvoir sur les âmes, peut-il, lui, s'en emparer? Dans notre pays, il a été jugé que ces deux puissances étaient incompatibles... Mais c'est à nos moralistes, à nos hommes qui se sont voués au bien, à s'emparer du gouvernail du spirituel si Rome ne sait plus s'en servir.

Quant aux vices administratifs de toutes sortes, soyez persuadé que l'Empereur en gémit le premier. Un homme de cette valeur ne peut voir sans souffrances ce qui est vicieux ou abusif, parce qu'il sait bien que les abus mènent à la ruine les conceptions les plus puissantes, et sans connaître sa pensée secrète, je suis convaincu que quand il sera sûr des sentiments de reconnaissance raisonnée de la France, il purgera tous les vices et octroyera les libertés après lesquelles nous attendons, et qui feront la grandeur de notre beau pays.

Venez donc tous, chers concitoyens, venez faire profiter vos compatriotes des fruits de votre expérience et de vos méditations... Venez nous aider à être des hommes, venez nous aider à régénérer nos femmes et nos filles. Quand elles vous verront ainsi que nous, non plus en occupations futiles et oiseuses, mais dans la plénitude de la force virile, travailler à rendre nos semblables simples dans la vie pratique, grands dans les sentiments comme dans nos actions privées, bons pour les outrages personnels, mais prêts à venger l'affront commun, elles aussi voudont rivaliser de grandeur et de noblesse, et nous n'aurons plus la douleur de les voir s'attiffer comme des baladines et s'assimiler volontairement à des poupées prêtes à être mises en montre ; loin de repousser leurs enfants à peine au monde à des mercenaires, elles voudront les élever, car elles auront l'espoir de les voir un jour des hommes prêts à se lever spontanément pour repouser l'ennemi qui s'apprête dans l'ombre.

Ne voyez-vous pas le Russe qui se prépare. Il abat la Pologne, puis cherche par des cajoleries à s'attirer le reste de la nation qu'il a égorgée pour être prêt à de nouveaux égorgements ! Il abat le Caucase et cherche à russifier le Caucase par d'apparentes ou réelles concessions, pour avoir là comme en Pologne une pépinière d'où il tirera sans cesse des soldats pour abattre l'Occident !

Voyez d'un autre côté la Prusse : elle est le satellite de la Russie, croyez-le. Ah ! que les lauriers de Duppel ne l'enthousiasment pas tant qu'elle le paraît : c'est l'appât jeté à ses soldats, c'est comme pour les mettre en goût et les exciter comme on excite une meute. Si vous voulez toute ma pensée, cher lecteur, le désaccord qui paraît exister entre elle et l'Autriche n'est qu'apparent et momentané; seulement le moment n'est pas arrivé de démasquer les batteries... Mais attendez et vous verrez... Quand bien même, cher lecteur, vous seriez le plus incrédule d'entre tous, comment feriez-vous pour ne pas voir que l'Europe est divisée en deux camps bien tranchés : le *Droit divin* et le *Principe des nationalités* ? que ces deux principes ne peuvent exister simultanément, car ils sont exclusifs l'un de l'autre, comme l'eau et l'huile? Le deuxième peut bien vivre à côté du premier, parce qu'il envahit les contrées les plus arides; comme l'idée du bonheur, il est le bien venu partout où il se présente ; par contre il n'en est pas de même du premier à l'é-gard du deuxième, et la Russie ne peut supporter le voisinage de la France ; sa respiration la gêne et elle n'aura de repos un peu durable que quand elle aura de nouveau abattu la France et qu'elle la croira morte !...

Voyez, mon cher lecteur, si le moment est venu de nous en vouloir ; si au contraire nous ne devons pas nous réconcilier tous ensemble dans une prière au Dieu qui nous a créés tous, et qui a voulu qu'enfant d'abord, chacun de nous devienne un homme qui s'améliore sans cesse, mais qui n'a permis l'unité humaine qu'après bien des efforts et des générations abattues, comme pour faire acheter le prix qu'elle vaut la félicité universelle et infinie.

Nous devons d'autant mieux nous rallier tous au pouvoir qu'avec ces difficultés extérieures immenses qui se dressent devant lui, il en est encore d'intérieures, puisque les factions qui voudraient ressaisir le pouvoir ne seraient arrêtées par rien dans leur aveuglement, pas même par la perspective de voir arriver l'étranger, auquel elles tendraient certainement les bras...

Réunissons-nous donc, démocrates de toutes les nuances, et réagissons de toutes nos forces sur nos familles et nos amis pour les amener à plus de simplicité, mais aussi à plus de grandeur ; montrons-nous dignes des libertés que nous désirons en reconnaissant l'Empereur comme le bienfaiteur de la France, et prions-le de réformer la licence des images et des chansons grivoises en élargissant celle de la politique.

Paris. — Imp. PAUL DUPONT, 45, rue Grenelle-Saint-Honoré.

www.ingramcontent.com/pod-product-compliance
Lightning Source LLC
Chambersburg PA
CBHW051348050726
47595CB00006B/2452